천천히

아주

천천히

천천히 아주 천천히

초판1쇄 발행 | 2019년 1월 30일
초판4쇄 발행 | 2023년 8월 30일

지은이 | 지현

펴낸이 | 남배현
기획 | 모지희
책임편집 | 박석동
펴낸곳 | 모과나무
등록 | 2006년 12월 18일 (제300-2009-166호)
주소 | 서울시 종로구 삼봉로 81 두산위브파빌리온 1308호
전화 | 02-720-6107
전송 | 02-733-6708
전자우편 | jogyebooks@naver.com
디자인 | ㈜끄레 어소시에이츠
ISBN 979-11-87280-31-6 03220
이 도서의 국립중앙도서관 출판예정도서목록(CIP)은
서지정보유통지원시스템 홈페이지(http://seoji.nl.go.kr)와
국가자료공동목록시스템(http://www.nl.go.kr/kolisnet)에서
이용하실 수 있습니다.(CIP제어번호: CIP2019001905)
ⓒ글, 지현, 2019
ⓒ사진, 남종현, 2019

모과나무는 ㈜조계종출판사의 단행본 브랜드입니다.
지혜의 향기로 마음과 마음을 잇습니다.

천천히 아주 천천히

지현 지음

모감나무

책머리에

한 생각 돌이키면

한 번 바른 생각
바른 길을 찾게 하고

한 번 돌이킴
함께 손잡고 웃게 하고

한마디 따스한 말
마음의 앙금을 녹이고

한 번의 나눔
희망이 샘솟게 하니……

새벽예불을 마친 후 아직은 서늘한 바람이 코끝을 스치고 지나갈 때 아침을 여는 세상을 향해 나직이 축원합니다.
고맙습니다.
감사합니다.
사랑합니다.

이 세상에 있어 내가 존재합니다. 당신이 있어 제가 이렇게 건강할 수 있습니다.
고맙습니다.
감사합니다.
사랑합니다.

어제는 저 바람 따라 흘러갔습니다. 우리에겐 오늘이 펼쳐집니다.
행복합니다.
고맙습니다.
기쁜 날입니다.

아침 햇살을 받는 모든 이들이 행복해지는 용기를 낼 수 있도록 스쳐가는 바람결에 나직이 소리 내어 봅니다.
함께하는 모든 이들을 부처님으로 여기기를
내게 닥친 모든 일이 복을 짓는 소중한 기회임을
내딛는 발걸음 하나하나에 알아차려지기를 바랍니다.

새해 새날
지훈

차례

구하는 마음 없이

기도하는 마음	12
내 신앙의 점수	14
백중	16
영원한 부처님의 세계	18
기도의 공덕	20
세 가지 마음	22
가장 큰 적	24
못 알아볼까 봐	26
일소정	30
최고의 복	32

사랑한다는 말 한마디

할머니 마음	36
생명의 기도	38
어머니의 눈물	40
내 맘 같지 않아서	44
자비기도	46
아름다운 발원	48
우렁각시 김복남 보살님	50
가장 훌륭한 가르침	54
사랑하는 아들딸들아	58

세상 모든 것은 다 귀하다

부자가 되는 비결	62
지금 해야 할 일	64
작은 도서관	66
기억해야 합니다	70
아이들이 뛰어노는 절	72
소중한 존재	75
더불어 사는 일	76
천천히 아주 천천히	79
보현보살의 서원	82

달빛 뜨락을 거닐며

사랑 사용법	86
햇살에 눈 녹듯이	87
한밤의 명상	90
빛이 되는 존재	92
즐거운 불편	94
우주의 힌트	96
공덕의 성취	100
수행자의 겨울	102
희망의 기도	106

구하는 마음

없이

기도하는 마음

어떤 생각과 마음으로 기도를 하시나요?

하루도 거르지 않고 법당에 와서 철야도 마다하지 않는 분들을 보면 항상 궁금합니다. 혹시 기도를 하면서 남을 미워하고 시기하고 원망하고 자리다툼을 하지는 않으신가요?

기도는 자애심과 자비심으로 해야 합니다.

남에게 베풀 줄 아는 마음으로 함께 슬퍼하는 마음으로 기꺼이 다른 이의 아픔을 다독거리는 마음으로 해야 합니다. 남을 칭찬할 줄 아는 마음으로 함께 기뻐하는 마음으로 기꺼이 다른 이의 즐거움에 웃어줄 수 있는 마음으로 해야 합니다. 이런 마음으로 기도를 하면 불보살님과 신중님은 무량한 가피를 내려 여러분을 지켜줍니다.

하고자 하는 일이 뜻대로 되지 않을 때 몸과 마음이 무너져 내릴 때 집안에 우환이 닥쳐올 때 불보살님과 신중님의 가피가 어머니의 사랑처럼 찾아옵니다.

기도는 일상이자 생활이 되어야 합니다. 하지만 그보다 더 중요한 것은 기도할 때 어떤 마음으로 하는가입니다.

언제나 행복한 마음으로 기도하기를 기도합니다. 기도를 하면서 더 행복해지고 기쁨이 더 커지기를 기도합니다.

내 신앙의 점수

자신의 신앙에 점수를 매겨본 적이 있으신가요? 몇 가지 질문을 통해 신앙 점수를 알아보겠습니다.

첫 번째 질문입니다. 간절한 마음으로 기도하고 있는가?

바람이 있을 때 비로소 간절한 마음이 일어납니다. 힘들고 어렵고 고통스러울 때 우리는 부처님께 온전히 매달립니다.

두 번째 질문입니다. 지극한 원을 세워서 기도하고 있는가?

부처님께서는 '구하는 마음 없이 기도하라'고 말씀하셨습니다. 하지만 중생은 원도 있고 바람도 있고 소원도 많습니다.

세 번째 질문입니다. 굳건한 확신을 가지고 기도하고 있는가?
'부처님이 과연 내 기도를 알아주실까?' 이런 생각으로 기도를 올리면 안 됩니다. 나의 기도를 부처님은 모두 알고 가피를 준다는 확신을 가져야 합니다. 부처님에 대한 굳건한 믿음, 이것이 바로 신앙입니다.

네 번째 질문입니다. 기도한 공덕을 회향하고 있는가?
부처님, 저에게만 복을 주세요! 이것은 이기심입니다. 내가 기도한 공덕으로 내가 아는 모든 사람들이 부처님의 가피를 받았으면 좋겠습니다. 이것이 회향입니다. 우리는 회향을 할 줄 아는 불자가 되어야 합니다.
자, 이제 여러분의 신앙 점수를 매겨 보셨나요? 여러분의 신앙은 몇 점인가요?

백중

　백중百中 우란분절에는 선망조상은 물론 나와 인연이 없는 영가의 극락왕생을 기원합니다. 지옥·아귀·축생의 삼악도가 없는, 모든 영가가 가고 싶어 하는 극락정토의 주인은 아미타 부처님이십니다.

　아미타 부처님은 전생에 애간장이 끊어지는 이별과 고통을 경험하셨습니다. 큰 홍수가 나서 부모님은 강물에 휩쓸려 돌아가시고 어린 동생과 함께 간신히 망망대해의 작은 섬에 표류한 것입니다. 그때 소년의 나이는 일곱 살, 동생은 겨우 다섯 살이었습니다. 형제는 추위와 배고픔에 그리고 무서움과 두려움에 몸을 떨었습니다. 오직 형을 의지하던 어린 동생의 몸은 점점 차갑게 식어갔습니다. 소년은 죽어가는 동생을 끌어안고 눈물을 흘렸지만 결국 아침이 밝아오기 전 동생은 숨을 거두었습니다.

홀로 남은 소년은 스스로 손가락을 깨물어 피를 낸 뒤 자신의 서원을 바위에 하나씩 적어 내려갔습니다. 소년은 훗날 아미타 부처님으로 환생하였고 소년의 서원은 아미타 부처님의 48대원이 되었습니다.

모든 중생들이 태어나고자 바라는 아름다운 극락정토는 지독하리만치 비참한 슬픔 속에서 탄생한 것입니다. 만약 소년이 자신의 불행을 슬퍼하기만 했다면 어쩌면 극락정토도, 아미타 부처님도 우리 곁에 없었을지도 모릅니다. 그렇기 때문에 기도를 할 때는 죽음 앞에서도 흔들리지 않을 수 있는 간절한 원을 세워야 합니다.

영원한 부처님의 세계

여섯 살이 되었을 때, 처음으로 동생이 태어났습니다. 철이 없던 저는 날마다 어머니가 드셔야 할 하얀 쌀밥과 따뜻한 미역국을 실컷 먹었습니다. 어머니는 갓 해산한 몸으로 잘 먹지도 못한 채 한시도 눕지 않고 갓 태어난 동생과 저를 보살펴주셨습니다. 돌이켜 생각해보면 죄송한 마음뿐입니다.

어린 시절을 떠올리면 자식을 사랑하는 어머니의 마음이 곧 부처님의 마음이라는 것을 사무치게 느낍니다. 백중은 세상을 떠난 후 지옥에서 고통받는 어머니를 구제하고자 했던 목련존자의 간절한 기도에서 시작되었습니다. 백중기도는 입재를 시작으로 49일 동안 일곱 번의 재를 지내며 구천을 떠도는 영혼을 극락세계로 인도하고 왕생을 발원합니다. 부처님의 법력과 지극한 기도를 통해 생전에 지은 업으로 구천을 떠도는 영혼이 가야 할 길을 편히 갈 수 있게 해주는 것입니다. 그래서 백중기도를 하는 49일의 시간은 기쁜 날이고 기도하기 좋은 날이며 성취가 큰 날입니다.

이곳은 태어나고 울고 웃고 힘들고 즐겁게 살다가 죽음을 맞이하는 중생의 세계입니다. 하지만 강 건너에 있는 저 언덕은 나고 죽음이 없는 영원한 부처님의 세계입니다. 반야심경에서 관자재보살은 반야용선을 띄워놓고 중생을 향해 말합니다.
　"나와 더불어 반야용선에 올라 강을 건너 저 언덕에 있는 부처의 세계로 가자."
　관자재보살과 사리자는 강에 빠질 것을 두려워 주저하는 중생을 온갖 방편과 설법으로 달래고 설득합니다. 이에 눈이 열리고 귀가 열린 사람들이 하나둘 반야용선에 오르기 시작합니다. 어느덧 만선이 되자 기분이 좋아진 관자재보살은 언덕을 향해 노를 저으며 행복한 목소리로 노래를 부릅니다.
　"가자, 어서 가자. 영원하고 아름다운 부처님의 세계로 가자."
　백중기도를 하는 49일 동안 모든 분이 소원을 성취하기를 두 손 모아 발원하며 반야심경의 마지막 구절을 외워봅니다.
　아제아제 바라아제 바라승아제 모지사바하.

기도의 공덕

　기도의 공덕은 참으로 무량합니다. 중생의 소원이 참으로 무궁하기 때문입니다.
　기도의 첫 번째 공덕은 시방 세계의 모든 부처님께서 연민의 마음을 내어 나를 지켜주신다는 것입니다. 말도 하지 못하는 갓난아이가 울음을 터트리면 엄마의 마음은 찢어집니다. 이 마음이 바로 슬퍼하고, 번민하고, 간절한 마음으로 기도를 올리는 중생을 바라보는 부처님의 마음입니다.
　기도의 두 번째 공덕은 임종할 때 기쁘고 즐거운 마음을 가질 수 있다는 것입니다. 죽음이 두렵지 않은 사람은 아무도 없습니다. 그러나 기도와 수행을 열심히 하면 죽음의 순간에도 인생을 행복하게 마감할 수 있습니다. 내가 삶의 주인인 것처럼 죽음의 주인이 될 수 있기 때문입니다. 그렇기 때문에 두려움 없이, 고통 없이 죽음을 맞이할 수 있습니다.

기도의 세 번째 공덕은 가는 곳마다 청명한 이들이 나의 도반이 됩니다. 불보살님들이 나의 도반이 되어줍니다. 힘들고 괴로울 때 나를 아껴주는 도반이 있다는 것은, 기쁘고 즐거울 때 함께 웃어주는 도반이 있다는 것은 진정으로 행복한 일입니다.

　기도의 네 번째 공덕은 무량한 가피가 쌓여 바라밀을 성취할 수 있다는 것입니다. 바라밀은 슬픔도 괴로움도 없는 부처의 세계로 가는 길이며 고통의 강 너머에 있는 언덕입니다.

　기도의 다섯 번째 공덕은 금생에도 다음 생에도 복덕과 지혜가 원만해진다는 것입니다. 이번 생은 물론 다음 생에도 복덕과 지혜가 이어집니다. 그러니 두려울 것이 없습니다. 얼마나 좋습니까? 기도의 공덕은 이처럼 무량합니다. 늘 부처님께서 함께하신다는 믿음으로 행복하게 기도하고 소원을 성취하시기 바랍니다.

세 가지 마음

예로부터 음력 9월 9일 중양절은 기도하기 가장 좋은 날이라 했습니다. 천도하기 가장 좋은 날이라 했습니다. 중양절이 오면 수륙재水陸齋를 지냅니다. 수륙재에서는 죽은 자와 살아있는 자가 차별 없이 평등합니다. 살아 있는 자는 풍성한 음식을 베풀어 외로운 영가를 위로합니다. 허공을 떠돌던 영가는 극락왕생을 하고 살아 있는 자는 공덕을 쌓습니다. 기도하고, 천도하며 공덕을 쌓는 이유는 소원을 성취하기 위해서입니다. 법당에 서서 노전스님의 축원을 가만히 들어보았습니다.

시험을 잘 치러서 좋은 학교를 가게 되기를, 운전하는 사람은 사고 없이 무탈하기를, 좋은 인연을 만나 혼인하기를, 직장생활이 부디 무사하기를, 부부는 금슬이 좋고 행복하기를, 아이들은 건강하게 잘 자라기를……

하나 둘 헤아려보니 축원할 소원은 마당에 피어있는 국화꽃만큼 많았습니다.

소원을 성취하는 기도를 할 때에는 잊지 말고 세 가지 마음을 챙겨야 합니다.

첫째, 원을 가지고 기도해야 합니다. 바라는 것이 있어야 간절함이 일어나기 때문입니다.

둘째, 확고한 믿음을 가지고 기도해야 합니다. 부처님은 기도하면 반드시 가피를 주십니다.

셋째, 기도할 때는 오직 기도에 집중해야 합니다. 기도에 집중하려면 세 가지 번뇌를 버려야 합니다.

슬픔을 버려야 하고 괴로움을 버려야 하고 번민을 버려야 합니다. 슬픔, 괴로움, 번민은 지나가고 지나가고 지나가는 것일 뿐 결코 영원하지 않습니다.

슬픔, 괴로움, 번민 이 세 가지를 버리는 것이 기도입니다. 이러한 기도가 정진이며, 수행이고 공덕입니다. 함께 모여 기도한 공덕으로 모든 가정이 늘 행복하기를 부처님께 기도합니다.

가장 큰 적

몰랐기에 많이 미안합니다.

부처님께서는 모든 생명을 위해 걸림 없이 사는 방법을 설하셨습니다. 하지만 우리는 걸림이 있을 때 비로소 부처님을 찾곤 합니다. 마음이 불편하거나 몸이 아프면 부처님의 자비가 더 간절하기 때문입니다.

부처님의 자비는 차별이 없습니다. 그러나 아무리 간절해도 절에 오는 것조차 힘겨운 분들이 있습니다. 늘 휠체어를 타고 조계사를 찾던 노보살님이 부처님을 뵙자마자 눈물을 쏟았습니다.

"스님, 법당 안에 들어왔으니 이제 죽어도 여한이 없습니다."

마당에서 법당에 오기까지 10년이 넘게 걸렸다는 말씀에 가슴이 미어졌습니다.

그 깊은 아픔을 알지 못했던 것이 참으로 많이 미안했습니다. 모른다는 것은 무지無知입니다. 알려고 하지 않은 것은 교만입니다. 무지와 교만은 지혜의 가장 큰 적입니다. 부처님의 가르침을 배우면서도 한없이 무지하고 교만했음을 참회합니다.

미처 몰랐던 것이 잘못은 아니지만 이제 아는 만큼 달라져야 합니다. 시각장애인을 위해 일주문 앞에는 촉지도를, 마당에는 점자 유도 블록을 만들었습니다. 보잘것없다 해도 할 수 있는 것은 무엇이든 하고자 합니다.

힘들고 아프고 서러운 몸과 마음을 헤아리는 진정한 불제자가 되기를 기도합니다.

못 알아볼까 봐

   섬진강 매화잎은 봄바람에 모두 날아갔나 봅니다. 이제 벚꽃이 향기를 전할 차례라고 벚꽃축제 이야기가 한창입니다. 봄이 되면 예외 없이 매화 소식, 벚꽃 소식, 개나리 진달래 소식이 한창이지만 그 나무 아래 땅에 바짝 달라붙어 소소한 아름다움을 발하는 하늘바람꽃 소식은 묻히게 되니 안타깝습니다.

   노루귀의 앙증맞은 모습도 복수초의 기특함도 조금 허리를 굽히고 천천히 걷는다면 기대 이상의 커다란 행복을 선물 받을지도 모릅니다. 세상 소식을 접하고 그 안에서 맺게 되는 수많은 관계 속에서 어울림이란 우리 인생에서 얼마나 중요한 것인가에 대해 생각합니다. 자연의 이치를 가만히 들여다보면 그 안에 모든 질서가 숨어 있다는 것을 깨닫습니다.

   자연의 이치에서 보면 우리들의 관계란 조금 멀리 볼 필요가 있습니다. 관계란 너무 멀어도, 너무 가까워도 문제가 생기기 마련이지요. 고슴도치가 적절한 거리를 두고 살아가는 것처럼 좋은 관계란 그런 것이 아닐까요?

나를 알아주길 바라고, 나만 사랑해주길 바라고, 상대방을 이해하는 마음보다는 시기하고 질투하는 마음에서 관계는 흐트러지는 것이지요. 세상을 살아가는 데 있어서 가장 중요한 건 남이 나를 알아봐주길 바라는 것이 아니라 내가 상대를 못 알아볼까 봐 고민해야 하는 게 아닐까요? 혜안을 가지고 상대를 알아볼 줄 아는 것이 세상 사는 데 가장 중요한 재산이지 않을까요?

　관계란 배려라는 이름의 동반자가 필요합니다. 또 안에 진짜 마음, 바로 진심이 함께해야 비로소 꽃을 피우게 되는 것이지요. 진심을 다하는 마음에서 생기는 모든 문제들은 억지로 포장하지 않아도 담백한 관계를 선물합니다. 진심이 아닌 마음은 신기하게도 상대가 바로 알아차리는 놀라운 파장이 있습니다. 그 파장으로 인해 관계가 헝클어지고 그런 나쁜 파장으로 인해 결국 자기 자신이 무너지는 것입니다. 이러한 진리 안에서 깨닫게 되듯 항상 나 자신에 대한 성찰이 필요하다는 생각을 합니다. 나로 인해서든

타인으로 인해서든 한번 어긋난 인연은 처음으로 되돌리기 어려운 법입니다.

무턱대고 상대방을 시기 질투하고 비방하기보다는 몇 발자욱 뒤로 물러서서 안정된 마음, 온화한 마음으로 잠시만이라도 바라봐주십시오. 내가 상대를 잘못 알아보지는 않았는지, 다른 사람들이 일으켜 놓은 회오리바람에 내 마음이 휩싸이진 않았는지 가만히 바라보는 시간을 가져보십시오.

자신의 그릇은 자기 자신이 만듭니다. 더욱 큰 그릇을 갖기를 원하신다면 먼저 손을 내미십시오. 먼저 마음을 내는 것이 자존심 상한다는 어리석은 마음을 버리십시오. 상대방이 받아주든 받아주지 않든 그것까지 염려하지는 마십시오.

마음을 내고 난 뒤의 일은 상대방의 문제입니다. 그러니 그때는 가볍게 마음을 내려 놓으셔도 좋습니다. 부디 나를 알아봐주는 사람을 찾지 말고 내가 진정 좋은 사람을 못 알아볼까 염려하는 지혜로운 사람이 되길 우리 오늘부터 함께 노력해보는 건 어떨까요.

일소정

부처님의 은은한 미소를 보면 마음이 절로 편안해집니다. 부처님의 웃는 얼굴을 보면 빙그레 따라 웃고 싶어집니다. 조계사를 찾는 모든 이들을 위해 부처님의 미소를 닮은 공간을 만들고 싶었습니다. 늘 엄숙함을 지켜야 하는 법당과 다른 마음껏 웃고 대화할 수 있는 공간을 만들고 싶었습니다. 만발식당으로 가는 길목에 작고 예쁜 집을 마련했습니다.

일소정 一笑亭, 들어가면 한 번 웃고 나오는 집이라는 뜻입니다.

모든 불자님들의 얼굴에 웃음꽃이 피어나길 바라는 간절한 마음을 담아 지은 이름입니다.

일소일소 一笑一少 한 번 웃으면 한 번 젊어지고
일노일노 一怒一老 한 번 노여워하면 한 번 늙습니다.

웃음은 행복을 표현하는 가장 쉬운 방법입니다. 웃음은 불행을 떨쳐내는 가장 좋은 무기입니다. 하루 한 번 웃음을 선물하세요. 눈이 마주치면 활짝 웃어주세요. 작은 일에 행복을 느낀다면 웃을 일이 많아집니다. 웃을 일이 많아지면 행복은 저절로 찾아옵니다. 불자님들의 얼굴에서 웃음꽃이 만발하면 좋겠습니다. 불자님들의 웃는 얼굴이 부처님 미소를 닮아가면 참 좋겠습니다.

최고의 복

"죄송합니다. 죄송합니다. 참으로 죄송합니다."

날마다 참회 기도를 합니다. 부처님이 중생의 아버지라면 노보살님들은 불교의 어머니입니다. 하지만 그동안 불교는 어머니에 대한 배려가 너무나 부족했습니다. 아낌없는 믿음과 사랑이 당연한 줄로만 알고 돌아보지 못했습니다.

"스님, 절에 와서 부처님을 알게 된 것이 제 인생에서 최고의 복입니다."

절에 올 때가 가장 행복하다는 말씀에 눈시울이 뜨거워집니다. 아무것도 드린 것이 없는데 이미 다 받았노라는 이야기에 가슴이 무겁습니다.

지금도 그렇습니다. 고마움과 죄송함을 알면서도 표현에는 여전히 인색하기만 합니다. 이제부터라도 달라지겠습니다. 서툴고 어색하지만 노력하겠습니다.

마음과 마음이 모이고 또 모여 어느 날 조계사 계단에 난간이 생겼습니다. 계단의 난간을 짚으며 오르내리기 편하다 좋아하시는 노보살님의 웃음에 마음이 활짝 피었습니다. 부족하고 초라해도 작은 것부터 시작하겠습니다. 할 수 있는 것은 놓치지 않고 실천하겠습니다. 평생을 불교와 함께하신 분들을 위해 마음과 정성을 다해 기도합니다.

"감사합니다. 감사합니다. 정말로 감사합니다."

사랑한다는   말 한마디

할머니 마음

초하룻날, 허리가 몹시 굽은 할머니가 절에 오셨습니다. 간신히 일주문 앞에 선 할머니는 두 손을 모아 합장을 하고 연신 고개를 숙였습니다. 그때마다 할머니의 고개는 땅에 닿을 것 같았습니다. 이윽고 할머니는 바지춤에서 꼬깃꼬깃하게 접힌 천 원짜리 지폐를 꺼냈습니다. 할머니는 그 천 원을 반듯하게 펴서 보시함에 넣고 몇 번이나 다시 고개를 숙였습니다. 그 모습을 본 순간 나도 모르게 눈시울이 붉어지며 참으로 열심히 수행을 해야겠다는 다짐을 했습니다.

불편한 몸을 이끌고 초하룻날 절에 오신 할머니의 마음이, 아끼고 아꼈던 천 원짜리 한 장을 바지춤에서 꺼낸 할머니의 마음이, 꼬깃꼬깃한 지폐를 반듯하게 펴서 보시함에 넣은 할머니의 마음이 너무나 아름다웠기 때문입니다.

할머니의 간절한 마음이 바로 신앙입니다. 할머니의 간절한 마음이 바로 어머니의 마음입니다.

불자님들도 할머니처럼 간절한 마음으로 지극한 믿음을 가졌으면 좋겠습니다. 내 가족의 건강과 행복을 바라는 것처럼 다른 사람의 건강과 행복을 함께 기도했으면 좋겠습니다. 부처님을 공경하고 사랑하는 것처럼 모든 사람을 공경하고 사랑했으면 좋겠습니다.

생명의 기도

"엄마." 불러만 보아도 가슴이 뭉클해집니다.

어느 추운 겨울날 시골길을 가다가 허리가 굽은 팔십 할머니가 큰 고목나무 앞에서 두 팔을 벌리고 절을 하는 모습을 보았습니다. 눈보라 치는 추운 겨울날 목도리도 장갑도 없이 간절하게 절을 하는 할머니 모습을 보면서 나도 모르게 눈물이 날 것 같았습니다. 그 할머니가 부처님을 알았을까요? 하나님을 알았을까요? 오직 사랑하는 아들딸 손자 며느리가 '건강하기를 바라는 마음' 단 하나였을 것입니다. 기도를 할 때 어머니는 생명을 바칩니다. 마음속에 간절한 원이 있기 때문입니다. 우리네 어머니들이 아들딸을 위해 '간절하게 기도한 공덕'이 하나씩 하나씩 쌓여서 지금 우리가 행복하게 잘 살고 있는 것인지도 모릅니다. 신앙은 '어머니 마음'과 같아야 합니다.

일흔 살 아들이 길을 건너면 아흔 살 노모는 걱정을 합니다.
이것이 부처님의 마음입니다.

어머니의 마음은 부처님의 마음이요, 부처님의 마음은 어머니의 마음입니다. 불자님들이 '어머니 마음' 같은 신앙을 가졌으면 좋겠습니다. 서로를 아끼고 사랑했으면 좋겠습니다.

어머니의 눈물

 아홉 살이 되던 해, 머리를 깎고 출가를 했습니다. 부모님과 떨어져 절에서 살게 되자 엄마가 너무 보고 싶었습니다. 그 후로 2년 동안 눈만 뜨면 보따리를 챙겨 일주문까지 도망갔다가 돌아오기를 반복했습니다. 하지만 시간이 흐르면서 엄마에 대한 그리움은 서서히 흐릿해졌습니다. 부모님을 다시 뵙게 된 것은 스무 살이 되던 해, 입대하기 전이었습니다.

 고향집을 찾아가자 저녁밥을 지어주시겠다며 부랴부랴 부엌으로 가신 어머니는 한참 동안 돌아오지 않았습니다. 방문을 열어보니 부뚜막 앞에 앉은 어머니가 가슴을 부여잡고 눈물을 흘리고 계셨습니다. 아들을 부처님께 바치고 가슴앓이를 하며 눈물 짓는 어머니를 보면서 수행을 열심히 해야겠다고 다짐했습니다.

 다음 날 아침 훈련소로 향하는 버스에 오르자 비로소 '어머니'라는 말을 하지 못한 것을 알게 되었습니다. 후회하며 생각했습니다. 언젠가 어머니를 다시 만나면 내가 먼저 손을 잡아드리리라. 꼭 안아드리며 '어머니'라고 불러드리리라.

제대 후 산속에 있는 절에서 살고 있는데 어느 날 갑자기 전화 한 통이 왔습니다.

"동네 사람들과 함께 스님 계신 절에 한번 가고 싶은데 가도 되겠습니까?"

며칠 뒤 마을 어르신들이 절에 오셨습니다. 하지만 마을 어르신들이 모두 올라온 후에도 어머니의 모습은 어디서도 찾을 수가 없었습니다. 그런데 절 아래 길목에 한복을 곱게 입은 노보살님 한 분이 주저앉아 계셨습니다.

'아, 저 분이 어머니시구나.'

어머니를 만나러 내려가면서 몇 번이나 다짐했습니다. 아무 걱정 마시라고, 어머니가 눈물 흘리시지 않도록 수행 열심히 하겠노라고 말씀 드려야겠다. 손도 먼저 잡아드리고 한 번 꼭 안아드리고 '어머니' 하고 불러드리겠다. 그런데 막상 어머니를 마주보자 아무 말도 할 수가 없었습니다.

"아니, 보살님 왜 여기 앉아 계십니까?"

마음과 달리 입에서는 핀잔 어린 말이 나왔습니다.

왜 그랬을까 후회를 하며 어머님과 다시 이야기를 나누고 싶었지만 좀처럼 기회가 오지 않았습니다. 마을 어르신들이 돌아가시기 전 절 뒤에 있는 장독대 앞에서 혼자 계신 어머니를 다시 만났습니다. 어머니는 그곳에 홀로 서서 하염없이 눈물을 흘리고 계셨습니다. 이번에야말로 '어머니' 하고 불러드려야겠다 하는 마음으로 다가갔지만 역시나 입이 떨어지지 않았습니다. 그런데 어머니가 먼저 저의 등을 툭툭 다독이며 말씀하셨습니다.

"수행 열심히 하시게."

어머니는 그 말 한마디를 남기고 마을 어르신들과 함께 돌아가셨습니다.

그날 이후 어머니의 그 말이 한시도 머리에서 떠난 적이 없습니다. '수행 열심히 하라'는 어머니의 짧은 한마디는 평생의 큰 화두가 되었습니다. 그날 어머니라고 불러드리지 못하고 손을 잡아드리지 못한 것은 크나큰 후회로 남았습니다. 아들을 부처님께 보내놓고 가슴앓이를 하며 눈물을 흘리는 어머니가 다시 기쁘게 웃을 수 있는 방법은 수행을 열심히 하는 것밖에 없다는 생각으로 지금껏 살아가고 있습니다.

 아들을 부처님께 보낸 어머니의 은혜에 감사하며 오늘도 세상의 모든 어머님들께 감사 기도를 올립니다. 세상의 모든 어머니들이 자식 때문에 더 이상 가슴앓이하며 눈물짓지 않길 바라며 기도를 올립니다.

 어머니, 사랑합니다.

내 맘 같지 않아서

세상에 내 맘대로 되는 것들이 얼마나 있습니까?

제가 보기에는 내 맘대로 되는 일보다 내 맘대로 되지 않는 것들이 더 많은 세상입니다. 법당 뒤에 목련꽃이 몇 번이나 피고 져도, 백화나무에 그은 금이 수십 개가 생겨도 내 것이 아닌 것은 오지 않습니다.

아무리 보고 싶어 목 놓아 울어도 볼 수 없는 사람들이 있고, 하고 싶어 애를 써도 할 수 없는 일들이 너무나 많습니다.

나만 그렇습니까? 누구나 그렇습니다.

돌아가신 어머니가 보고 싶다고 해도 다시 볼 수 없습니다. 어린 시절이 그립다고 해서 시간을 거슬러 다시 돌아갈 수 없습니다.

　내 맘대로 되지 않는 것, 그것이 자연스러운 일입니다.

　내 맘대로 되지 않는 일이 있다면, 되지 않아야 하는 일일 수도 있습니다.

　내 맘대로 되는 일이 있다면, 그렇게 되어야 하는 일일 수도 있습니다.

　내 마음대로 되어야 한다는 그 생각,

　거기에서 한 발짝 벗어나는 순간,

　우리 앞에는 자유로운 세상이 펼쳐질 것입니다.

자비기도

　얼마 전, 한 어머니가 서른여섯의 나이로 세상을 떠났습니다. 일곱 살, 여덟 살의 두 딸을 남기고 암으로 세상을 떠났습니다. 이제는 아무리 울어도 엄마를 볼 수 없다는 것을 이 아이들에게 어떻게 설명해야 할까요? 죽음의 의미를 알지 못하는 두 아이는 엄마의 사십구재가 있던 날, 절에 와서 해맑은 얼굴로 장난을 치며 까르르 웃었습니다.

　잔을 올릴 차례가 되자 일곱 살 아이가 엄마의 영정 사진을 보며 물었습니다.

　"엄마가 왜 저기에 있어?"

　초등학교 1학년 언니는 그때서야 울음을 터뜨렸습니다. 아마 이 아이들은 앞으로 영원히 엄마를 가슴에 묻고 살아가게 될 것입니다. 두 아이가 절에 다시 오면 좋아하는 스파게티와 갖고 싶어 했던 예쁜 인형을 사주고 싶습니다.

내가 가진 모든 지혜를 다하여 아이들의 마음에 새겨진 상처를 보듬어주고 싶습니다. 어머니가 세상에 없어도 건강하고 훌륭하게 자라날 수 있도록 아이들의 마음을 어루만져주고 싶습니다.

  부처님 앞에서 자비의 기도를 올리며 힘들고 아파하는 생명과 일생을 함께 하겠다는 원을 세워봅니다. 간절한 염원이 담긴 기도를 통해 자비의 씨앗이 심어지면 우리 아이들이 건강하게 자라날 것입니다. 자비의 씨앗이 싹을 틔우면 우리 부모님들이 세상을 떠날 때 부처님처럼 편안하게 눈을 감으실 것입니다. 사십구재가 끝나면 돌아가신 영가들이 이승에서의 미련을 모두 버리고 부처님 곁으로 가는 기쁜 날이 되었으면 좋겠습니다.

아름다운 발원

 예순을 훨씬 넘긴 한 거사님이 뒤늦게 아내의 고마움을 알았습니다.
 "늦었지만 앞으로 남은 시간은 그동안 고생했던 아내를 위해 살아야겠다."
 이 말을 들은 보살님은 지금까지의 고생, 슬픔, 괴로움, 갈등이 눈 녹듯이 녹아내렸습니다. 비록 지키지 못한다 하더라도 그 말 한마디를 해준 것만으로도 남편에 대한 원망과 미움이 사라진 것입니다. 그날 이후 거사님은 매일 매일 금강경을 독송하며 아내에게 회향했습니다. 독송을 마치면 지난날의 잘못을 되새기고 참회하며 발원문을 썼습니다.
 "앞으로 남은 인생은 아내를 행복하게 해주는 데 쓰겠습니다."
 참회와 발원으로 이어진 기도와 독송은 어느덧 습관이 되었고 거사님의 마음과 행동이 변치 않을 수 있는 힘이 되었습니다. 직장에 가지 않는 주말에는 아내가 쉴 수 있게 집안일을 도맡았습니다. 한 달에 한 번은 아내가 가고 싶어 하는 곳을 같이 갔습니다. 노년을 맞은 부부는 함께 살아왔던 인생에서 지금이 가장 행복하다고 말합니다.

    노부부의 행복은 지극히 평범해 보이지만 결코 쉽게 얻을 수 없는 행복입니다.

    가족처럼 가장 가까운 사람에게 고마움과 미안함을 표현하는 것은 어쩌면 가장 어려운 일인지도 모릅니다. 하지만 행복해지려면 용기를 내야 합니다. 내 곁에 있는 사람이 행복할 때 나도 행복해집니다. 행복한 눈으로 세상을 바라보면 모든 것에 감사한 마음이 생깁니다.

    이 세상 모든 것은 나를 위해 존재합니다.

    이 세상 모든 것에 고마움을 전합니다.

"고맙습니다."

"감사합니다."

"사랑합니다."

우렁각시 김복남 보살님

 흰 눈이 소복이 쌓인 봉화 청량산. 땅거미가 내려올 즈음 청량사 도량에는 하나둘 연등이 켜집니다. 겨울 밤 고즈넉한 청량사를 보고 있으면 30여 년 전 처음 이곳에 들어왔을 때가 생각납니다. 당시 청량사에는 전기가 들어오지 않았습니다. 청량사뿐 아니라 사하촌도 마찬가지 상황이었고 그 어려운 상황 속에서도 열심히 공부해 지금은 청량사 노보살님들의 자랑거리가 된 자식들이 아주 많습니다. 살기 힘들다 하던 시절을 한참 거슬러 올라왔어도 봉화 산골은 여전히 어려운 사람들이 많았고, 그 안에 청량사라는 작은 절이 있었습니다. 유리보전만 우두커니 서 있는 작은 암자에 처음 소임을 맡고 내려 왔을 때 깊은 밤 촛불을 켜며 눈물을 흘렸던 날도 많았습니다. 부엉이 소리만 요란하게 들렸던 어두운 산사에서 겨울밤은 더더욱 외로운 나날이었습니다. 지금 생각하면 그런 날들이 참 소중한 시간이었습니다. 물론 당시에는 소중하다는 생각을 전혀 하지 않았지만 뒤돌아보니 그날이 없었더라면 지금도 없었을 것입니다.

수행자로서 살아가는 저의 삶 속에 그 시간은 진정 나를 찾고 나의 길을 찾을 수 있었던 보물과도 같은 시간이었습니다. 그렇게 앞만 보고 이곳 오지마을에서의 포교를 발심했습니다. 절에 머무는 시간보다는 사하촌에 내려가 지냈던 날이 더 많았고 오르락내리락 불사하는 데 여념이 없어 공양을 거르는 일이 비일비재했습니다. 자동화된 기구라고는 경운기가 전부였고, 모두 핸드메이드였으니 바쁠 수밖에 없는 형편이었습니다.

  비탈진 산기슭에 위치한 청량사에는 산짐승들의 왕래가 더 많았던 터라 공양주는 언감생심 생각도 못했고 모든 것을 손수 해결해야 했습니다. 불사할 자재도 지게에 지고 비탈진 산길을 오르내렸습니다. 고된 노동이 계속 이어지자 어느 날인가 그만 탈이 나고 말았습니다. 심한 몸살로 며칠째 몸져 누워 일어날 수가 없었습니다. 전기도 들어오지 않는 깊은 산골에 전화가 있을 리 만무하고 간간히 찾아오는 산짐승에게나 소식을 전할뿐 이러다 죽을 수도 있겠다 생각할 만큼 외롭고 아팠습니다.

이틀간 정말 심하게 앓았습니다. 정신을 잃을 정도로 쇠약해진 상황에서 거칠지만 따스한 손길이 느껴져 눈을 떴습니다. 속가 어머니를 닮은 보살님. 보살님은 콩밭에서 일하다 울력하는 제 모습을 몇 번 보셨다고 했습니다. 그런데 며칠째 제 모습이 보이지 않자 걱정돼 올라와본 모양입니다.

관세음보살님의 화신처럼 "스님! 살살 하시오. 이러다 큰일 납니더" 하며 등을 토닥여주셨습니다. 울컥 눈물이 나려 했지만 체면상 그렇게는 못하고 감사 인사만 건넸습니다. 그렇지만 우렁각시처럼 몰래 반찬거리를 놓고 사라지는 고마운 마음에 눈물바람으로 아침공양을 했던 날이 참 많았습니다.

찾아가는 불교, 농촌 포교는 저의 발심만으로 이뤄진 게 절대 아닙니다. 보이지 않는 곳에서 힘을 주고 용기를 북돋아주신 우리 청량사의 노보살님이 계셨기에 가능했던 결과입니다. 몇 년 전 먼 길 떠나신 어머니 같은 우리 김복남 보살님. 이 글을 쓰는 내내 그 분의 따스한 손길이 느껴지는 듯 가슴이 먹먹해지고 눈시울이 뜨거워집니다.

가장 훌륭한 가르침

　연화봉에 걸려있던 뭉게구름도 어느덧 저 멀리 달아나버렸습니다. 하늘은 점점 멀어져가고 청량산의 풍경은 하루가 다르게 변해가고 있습니다. 청량산의 사계는 그 어느 명소에도 뒤지지 않을 만큼 색이 아주 분명합니다. 주말이나 휴일이 되면 많은 사람들이 다녀가기 때문에 다양한 색을 가진 사람들을 자주 만나게 됩니다. 그 가운데 가슴을 따뜻하게 만드는 색을 지닌 사람이 있어 이야기해보고자 합니다.

　어느 날 불이원 옆 벤치에는 코이프를 곱게 쓰고, 잿빛 원피스를 입은 수녀님 두 분이 앉아 계셨습니다. 두 분은 정답게 담소를 나누고 계셨고 그렇게 정담을 나누고 계시는 두 분의 뒷모습이 어찌나 아름답던지 도량에 서서 한참을 내려다 본 일이 있습니다. 도량에 들어서서는 잊지 않고 합장을 하며 예를 표하시는 수녀님들입니다. 순간 종교차별이니 종교의 벽이니 하는 말은 세상에 존재하지 않는 듯 그 모습 바라보는 것만으로도 마음은 평화입니다.

성직자의 신분임을 확실히 알 수 있는 대표적인 복장이 승복과 수녀복입니다. 둘은 색의 차이는 거의 없지만 느낌 차이는 분명합니다. 어느 해였던가 인사동 골목 귀퉁이에서 비구니스님과 수녀님이 나란히 걸어가는 모습을 본 적이 있습니다. 한 분은 삭발을 했고, 한 분은 코이프를 두르고 머리카락을 감추었습니다. 한 분은 다리를 가리고 털신을 신었고, 한 분은 종아리를 조금 보이게 하고 구두를 신었습니다. 서로 다른 듯 닮은 두 분의 모습을 바라보며 종교의 벽이란 과연 존재하는가에 대해 생각해보았습니다. 정말 아름다운 모습이었고, 그 어떤 훌륭한 법문보다도, 그 어떤 위대한 설교보다도 두 손을 꼭 잡고 인사동 모퉁이를 돌아 걸어가시는 모습 자체가 세상에서 가장 훌륭한 가르침이 아닐까 생각합니다.

서로의 종교에 대한 배타적인 생각과 지극히 이기적인 생각으로는 진정한 종교인의 모습을 볼 수 없습니다. 서로의 종교를 인정하고 존중할 줄 아는 모습이야말로 진정한 종교인의 자세일 것입니다. 절에서나 교회에서나 지켜야 할 예의가 있습니다. 서로 종교가 다르다고 해서 무시하고 인정하지 않는 자세보다는 서로의 종교를 따뜻하게 보듬어 안을 수 있는 넓은 마음을 갖는 수행이 필요한 때입니다.

  단풍이 곱게 물든 청량산을 바라보며 정담을 나누는 수녀님들께 무슨 이야기를 그리도 즐겁게 하고 계셨는지 차 한잔 나누면서 여쭤볼 생각입니다.

사랑하는 아들딸들아

사랑하는 내 아들딸들아

너를 갖고 엄마는 세상을 다 가진 느낌이었단다. 너를 만나고 아빠는 세상의 주인이 되는 느낌이었단다. 너를 낳아 기르면서 세상을 배웠고 우리는 비로소 어른이 되어 갔단다. 지난 시간을 되돌아보니 왜 이렇게 미안한 마음으로 가득한지…… 수능을 하루 앞두고 긴장하고 있을 너의 모습을 떠올리니 가슴이 먹먹해지는 것을 어쩔 수 없구나.

부모 마음이란 그렇단다. 너의 뒷모습만 보아도 기분을 읽을 수 있고 자는 모습을 물끄러미 바라만 봐도 너의 하루가 눈에 어른거린단다. 이렇게 소중한 내 자식이기에 각자의 삶 속에서 분주하여도 부모의 마음은 늘 너의 곁에서 함께 하는 것이란다.

고생했다. 내 사랑하는 아이들아! 정말 고생 많았어. 내일 하루가 네 인생의 전부가 아님을 명심하고 물 흐르듯이 평화롭게 가거라. 어찌 단 한 번의 시험으로 한 사람의 인생이 단정 지어지겠느냐. 지금까지 건강하게 자라준 너에게 감사하다. 엄마 곁에서 늘 환하게 웃어 주는 네가 있어 행복하단다. 아빠의 삶의 무게를 마음으로 이해해 주는 네가 있어 얼마나 고마운지 모른단다.

부디 힘겨워 말아라. 부디 거뜬히 치러내길 바란다. 우리 마음을 다해 기도하자.

결과보다는 과정에 더 가치를 두고 결과를 겸허히 받아들이자. 우리는 큰 공부를 하는 것이란다. 삶은 공부의 연속이니 우리 이 공부를 마치고 난 다음 더욱 지혜롭게 나아가자꾸나. 사랑한다. 내 아들딸들아!

세상 모든 것은 다 귀하다

부자가 되는 비결

　부자가 되고 싶지 않은 사람이 있을까요? 우리는 종종 다짐하곤 합니다.

　"지금은 돈이 없어서 아무것도 못 하지만 돈만 많으면 나도 얼마든지 베풀면서 살 거야."

　과연 그럴까요? 부처님께서는 귀함과 천함은 타고난 것이 아니라 우리의 말과 행동에 달려있다고 하셨습니다.

　"선한 행동을 하는 사람이 귀한 사람이요 악한 행동을 하는 사람은 천한 사람이다."

　부유함과 가난함 역시 마찬가지입니다. 우리의 마음에 달려있습니다. 베풀 줄 모르는 인색한 마음은 우리를 빈곤한 사람으로 만듭니다. 만족할 줄 모르는 부정적인 마음은 아무리 돈이 많아도 가난에 허덕이게 합니다. 가난의 구렁텅이에서 벗어나 넉넉하고 행복한 삶을 누리는 방법은 무엇일까요?

그것은 바로 칭찬입니다. 상대방을 진심으로 칭찬하는 것입니다. 우리는 비난이나 험담은 술술 하면서도 칭찬하기는 어려워합니다. 불평과 불만은 막힘없이 쏟아내면서도 만족하고 감사한 마음 한 자락 내어놓길 꺼립니다.

하루 한 번이라도 가까운 사람에게 칭찬 한마디 해주세요.

"고맙습니다, 감사합니다."

"오늘 정말 얼굴이 좋으시네요"

"제가 도와드릴 것은 없나요?"

진심을 담은 칭찬 한마디 한마디는 돌고 돌아 나에게 돌아옵니다. 진심을 담은 칭찬 한마디 한마디는 적금처럼 마음과 복을 키워줍니다. 넉넉한 마음을 가진 사람은 다시는 가난과 빈곤에 허덕이지 않습니다.

지금 해야 할 일

비가 오나 눈이 오나 하루도 빠짐없이 법당을 찾아 기도하는 노보살님들을 보면 눈물이 납니다.

"스님요, 나는 새벽밥 먹고 법당에 와서 해가 지면 집으로 돌아갑니다. 부처님은 내 마음을 다 아실 겁니다."

가족을 위해, 자식을 위해, 손주를 위해 평생을 부처님께 의지하며 기도해온 그 지극한 신심을 누가 따를 수 있을까요? 절 마당이 북적거리고 시끌벅적할 때 한 노보살님의 투정 섞인 한마디가 가슴을 아프게 내리칩니다.

"아이들이 절에서 뛰어다니면 시끄럽고 정신이 사나워 기도에 방해만 됩니다."

"스님, 내가 앞으로 살면 얼마나 살겠습니까? 내 기도가 중하지 어린이가 중요합니까?"

간절하게 호소하는 노보살님들을 볼 때면 주름진 두 손을 꼭 잡고 굳은살 가득한 두 발을 씻겨드리고 싶습니다. 하지만 조금만 넓은 마음으로 바라보면 북적거림도 소란스러움도 모두 기도입니다. 오히려 이 어수선한 모습이 지금 가장 필요한 수행의 과정인지도 모릅니다. 어린아이들과 젊은이들이 오지 않는다면 불교의 미래도 없기 때문입니다. 아무도 찾지 않아 적막함만 가득할 사찰을 생각하면 눈앞이 캄캄해집니다.

지금 불교가 해야 할 가장 중요한 일은 바로 어린아이들을 불자로 키워내는 것입니다. 부처님 품 안에서 부처님을 키워내는 것, 이것이 바로 진정한 보살의 행입니다.

아이들의 웃음소리에는 기쁨이 가득합니다. 아이들의 힘찬 발걸음에는 생기가 넘칩니다. 우리가 사랑의 마음으로 아이들을 품어주고 자비의 손길로 아이들을 길러낸다면 불교의 미래는 완전히 새롭게 바뀔 것입니다. 아이들은 미래의 희망입니다. 아이들은 우리의 부처님입니다. 오직 우리의 노력만이 불교의 새로운 희망을 만들 수 있습니다.

작은 도서관

　동심을 유혹해야겠습니다. 산사의 겨울은 산 아래 마을보다 일찍 찾아옵니다. 꽁꽁 언 도량 안에 아이들의 웃음소리가 퍼지는 날은 새싹이 돋아나는 봄이 금방 코앞인 듯, 따스한 온기로 가득해짐을 느낍니다.
　어린이법회에 나온 초등학생이 절에 오르는 길에 심심해서 동화책 한 권을 가져왔는데 아이들 사이에 꽤 인기가 있는 모양입니다. 제목인 즉《마당을 나온 암탉》입니다. 언제나 그러하듯 독서하는 아이들의 모습은 기특하기 그지없습니다. 몇 달 전《마당을 나온 암탉》이란 동화가 영화로 만들어지면서 아이들뿐 아니라 어른들에게까지 인기를 끌었다고 합니다. 세 살짜리 여자 아이가 엄마 품에 안겨《마당을 나온 암탉》을 보다 엉엉 울었다는 지인의 말을 듣고 어떤 감동이 있었기에 동심을 자극했는지 궁금해졌습니다.

넙적바위에 걸터앉아 겨울 햇살을 맞으며 한 장 한 장 음미해가며 읽어 보았습니다. 모성에 대한 감동을 불러일으키는 동화였고, 자연의 이치를 이야기해주는 참 괜찮은 동화였습니다. 문득 그 동안 잊고 살았던 동화책을 펼쳐드니 어린 시절 귀하게 얻어 읽은 동화책들이 떠올랐습니다. 우리 절 아이들에게도 동화책을 읽으면서 큰 꿈을 꿀 수 있게 만들어주고 싶다는 생각이 들었습니다.

　그저 프로그램 개발에만 급급했던 지난 시간들이 아쉽다는 생각이 들었고, 부처님 도량에서 더 많은 세계를 경험할 수 있게 하고자 하는 환경 부분에 대해선 소홀하지 않았나 하는 반성도 해보았습니다. 물론 잘 하는 절도 있겠지만 아직도 대부분의 사찰에서는 동심을 끌어안을 수 있는 프로그램이 체계적이지 못한 것은 사실입니다. 머리를 맞대고 함께 고민하다 보면 정말 다양한 포교 프로그램이 개발될 것입니다.

또한 행동에 옮기고 검토해가는 자세야말로 포교의 지름길이 아닐까 생각합니다. 이웃 종교에 대한 벤치마킹도 중요하지만 우리 불가 분위기에 어울리는 프로그램 개발이 더 중요한 요소가 아닐까 생각해봅니다.

무분별한 벤치마킹으로 불교의 이미지를 실추시키는 경우도 더러 있는 것을 감안한다면 더욱 세부적이고 적극적인 포교 방안을 모색해야 하지 않을까 생각합니다. 특히 문화의 혜택을 덜 받는 지방 사찰의 경우 이러한 노력을 더욱 해야 합니다. 언제나 편안하게 찾을 수 있는 절이 되어야 하고 지역 주민들에게 문화를 즐길 수 있는 유일한 공간이 되어주어야 합니다.

우선 이번 일을 계기로 우리 절 한 켠에 작은 도서관을 만들어 볼 계획입니다. 연령별 동화책을 선별하여 작은 공간을 마련하고 대여도 해줄 생각입니다. 도서관에 앉아 독서삼매에 빠져 집에 돌아가야 하는 시간을 잊은 아이에게 어서 가라며 등 떠밀어 내쫓아보는 경험도 해보고 싶습니다. 부처님 도량에서 마음 키워가는 아이들이 될 수 있도록 항상 노력하는 불교가 되었으면 하는 바람입니다.

절을 찾은 동심을 세상에서 가장 따스한 손길로 쓰다듬어
주고, 세상에서 가장 인자한 미소로 반겨주는 그런
스님이 되어야겠다는 생각과 함께 훗날 크리스마스보다
부처님오신날이 더 큰 축제가 될 수 있기를 기원해봅니다.

기억해야 합니다

 누구 하나 보살펴주지 않고 챙겨주지 않는 적막한 쪽방에서 이제 겨우 다섯 살 난 여자 아이가 그 작은 손으로 흰죽을 끓여 앓고 있는 엄마에게 떠먹이는 모습을 텔레비전에서 본 적이 있습니다. 그 아이가 자라 나중에 무슨 생각을 하고 어떤 상상을 하며 옛 기억을 떠올리게 될지 모르겠습니다.
 그 아이를 보며 우리는 염려해야 합니다. 이 사회와 세상을 아주 위태로운 눈길로 주시하며 분노의 몸짓으로 뚜벅뚜벅 걸어갈지도 모르는 아이의 모습을…….
 부처님께서는 하루에 딱 한 끼만 드셨습니다. 다른 두 끼 음식은 이웃들이 먹을 것을 염두에 두셨기 때문입니다. 우리는 이제 부처님의 그 자비스러운 행적을 다시 기억해야 합니다. 그분의 신비로운 미소 속에는 춥고 배고픈 사람들을 향한 그리움이 감추어져 있다는 것을…….

조그만 마을 개울가 옹기종기 모여 아이들이 물장구 치고 떠들며 하루 종일 까르르 웃어 대는, 평화가 있고 인정이 넘치는 그런 마을로 지금 나는 달려가고 싶습니다. 그곳으로 가서 그 아이들과 함께 물장구치며 뛰어놀고 싶습니다. 이 세상 모두가 더욱 안녕하길 기원합니다.

아이들이 뛰어노는 절

　얼마 전 관음전에 작고 예쁜 공간을 마련하기 시작했습니다. 그 공간은 아기를 데리고 절에 오는 엄마들을 위한 곳입니다. 아기가 어린 엄마들은 아이와 함께 외출하는 것이 너무나 힘이 듭니다. 아이를 안고 법당에서 기도를 하는 것은 감히 생각하기도 어려운 일입니다. 배가 조금만 고파도 기저귀가 조금만 젖어도 아기들은 수시로 울고 칭얼대기 때문입니다. 하지만 절에는 아기에게 우유를 먹이거나 아기의 기저귀를 갈아줄 공간이 없습니다. 쌀쌀한 절 마당에서 한 부부가 무릎을 맞댄 뒤 아기를 눕히고 기저귀를 갈아주는 것을 본 적도 있습니다. 대한민국 어느 절에도 아기와 엄마를 배려한 공간이 없기 때문입니다. 그래서 조계사가 시작합니다. 관음전에 수유실이 완성된다면 엄마들은 아이를 데리고 절에 올 수 있습니다. 마음 놓고 젖을 물리고 기저귀를 갈아 줄 수 있습니다. 하루에 한 명밖에 오지 않는다고 하여도 미래의 부처가 될 아기를 위해 수유실을 만들 것입니다.

조계사를 시작으로 전국의 많은 절에서도 젊은 엄마와 아이들을 위한 공간이 만들어지기를 발원합니다. 아이들이 절에서 뛰어놀게 된다면 불교의 모습은 달라질 것입니다.

아이들이 절에서 뛰어놀게 되면 바르고 건강하며 남을 도울 줄 아는 예쁜 심성이 자라날 것입니다. 아이들이 뛰어노는 절, 저는 이것이 불교가 변하는 모습이라고 생각합니다. 바르고 예쁜 심성을 가진 아이들은 불교의 미래이자 우리의 미래이기 때문입니다.

소중한 존재

　부처님오신날을 맞아 여러분 가슴 속에 '나눔의 씨앗' 하나 정성껏 심어보길 바랍니다. 그 씨앗이 하나둘 싹이 트기 시작하면 온 세상은 푸름으로 가득할 것입니다. 어려운 이웃에게 그늘이 되어주고 열매가 되어주는 삶이 바로 진정한 의미에서 '행복'입니다. 밖으로는 집착과 욕심을 내려놓는 무소유, 비움, 나눔으로 사회 발전과 통합에 이바지하고, 안으로는 철저한 수행을 통해 관습화된 우리 삶을 되돌아보며 '자성과 쇄신 결사'를 실천하자는 마음가짐으로 부처님오신날을 맞이합시다.

　다시 한번 기억해주시길 바랍니다. 내가 얼마나 소중한 존재이며, 네가 얼마나 귀한 존재인가를 말입니다. 나와 네가 모두 하나가 되어 평화로운 미소를 지을 수 있는 그날을 위해 어려운 이웃을 따스하게 보듬어 안고 우리 모두 함께 가는 부처님의 세상을 만들어 갑시다.

더불어 사는 일

 텔레비전에서 신문에서 우리는 참 많은 사건과 사고를 접하게 됩니다. 남의 일인 줄만 알았던 일이 나에게도 생겼다는 안타까운 말을 들었을 때 우리는 아주 잠깐이지만 나의 생활주변을 되돌아봅니다. 그렇습니다. 천재이든 인재이든 상상하지 못했던 일들이 벌어지는 요즈음 우리는 자신뿐 아니라 이웃을 걱정해 주고 사랑할 줄 아는 포근한 마음을 가져야겠습니다.

 문득 '더불어 숲'이라는 휘호가 생각납니다. 반면 '무소의 뿔처럼 혼자서 가라'는 부처님의 말씀도 떠오릅니다. 아주 잠깐은 서로 반대되는 글귀라고 생각했습니다. 하지만 그렇지 않다는 사실을 깨닫습니다. 우리는 살아가면서 수많은 인연을 맺고, 그들과 함께 인연의 씨앗을 뿌리며 살아갑니다. 나 자신을 돌보지 않으면 결코 좋은 인연을 만들 수 없고, 그 씨앗 역시 건강하지 못하다는 사실을 압니다. 그렇기 때문에 우리는 자신만의 수행으로서 정진하며 살아갑니다.

이러한 건강한 삶 속에서 우리는 하나가 되어 건강한 숲을 이룰 수 있는 것입니다. 즉, 무소의 뿔처럼 혼자서 가야 하는 삶의 과제를 뚫고 나가는 동안 수많은 선연과 더불어 숲을 이룰 수 있다는 말입니다. 조계종 사회복지재단의 상임이사로 있던 지난 2년여 동안 참 많은 일을 접했습니다. 스리랑카 지진 피해 현장을 다녀왔고, 난치병 어린이를 위해 병원을 방문했으며, 강원도 비 피해 현장에서 자원봉사자들과 함께 복구 작업을 했습니다. 지진과 비 피해로 힘들어 하는 이웃을 보면서, 또 희귀병을 앓고 있는 어린 아이와 그 가족들을 보면서 참 많은 생각이 들었습니다. 현장에는 많은 사람들이 있었고, 저는 그동안 혼자 해오던 수행생활에서 느끼지 못한 다른 느낌의 깨달음을 얻을 수 있었습니다.

　과연 수행이 무엇이고 깨달음이 무엇이더냐!

　이웃과 더불어 서로를 염려해주고 힘이 되어주는 것이 얼마나 이 세상을 아름답게 하는 일인지를 느꼈습니다. 막연히 느끼고만 있었고, 지금까지 살아오면서 더불어 사는 일에 인색하지 않았었노라 생각했던 저의 모습이 부끄럽기만 합니다.

역경 속에서도 좌절하지 않고 온 힘을 다해 일어서려는
그들의 모습에서 오히려 진정한 삶의 힘이란 무엇인가를 배웠고,
사정이나 형편에 상관없이 열심히 봉사하는 사람들의 모습에서
따스한 보살의 미소를 친견할 수 있었습니다.
《임제록》에 이런 말이 있습니다.

수처작주 입처개진
隨處作主 立處皆眞
이르는 곳마다 주인이 되라.
우리가 서 있는 곳 모두가 참 진리이니라.

우리 마음속에 깊이 새겨 늘 되뇌어보면 좋을 글입니다.
파랑새는 이미 우리 마음속에 존재하며 내 손 안에 앉아
있습니다. 더 이상 파랑새를 찾아 헤매는 일은 없어야 할
것입니다.

천천히 아주 천천히

　기다림의 미학이란 말이 있습니다. 바쁘게 살아가는 현대인들의 생활 패턴을 보며 기다림의 미학이 우리 일상에 얼마나 소중한 말인지 새삼 깨닫게 됩니다. 기다림이란 말에 미학이라는 단어를 덧붙이기까지 우리의 삶이 얼마나 빠르게 흘러가고 있는지를 짐작할 수 있습니다.
　우리 문화에는 없었던 패스트푸드가 등장하고 '빨리빨리'라는 말이 한국 사람을 상징하는 말이 되었습니다. 슬로시티라고 불리는 느리게 사는 마을을 선정하기도 하고 느리게 사는 마을로 인정하여 국제면허증까지 주는 시대가 되었습니다. 세상이 워낙 내달리기만 하니 이런 동네가 지정되고 보존되는 것입니다. 그것도 국가적 차원에서만이 아니라 국제적 차원에서 말입니다.
　우리나라도 몇 군데 선발되어 관광명소로 전 세계에 알려진다고 합니다.

자연스러움이 희귀한 시대가 도래했으니 슬로시티로 선정된 도시는 유명 관광지가 될 수밖에 없습니다.

　그러나 슬로시티로 선정된 지역이 중요한 것은 아닙니다. 지금 우리가 살고 있는 현장에서 슬로라이프를 실천하는 것이 더욱 중요한 과제이겠지요.

　육신은 이따금 불편함을 호소해도 마음은 마냥 편안하고 한없이 푸근하게 만드는 것, 이것이 바로 슬로라이프의 시작이고 실천입니다. 그리고 보면 우리 불가의 수행이야말로 슬로라이프의 기본이 아닌가 싶습니다. 깨달음의 경지란 어느 날 갑자기 나타나는 것이 아니요, 꾸준한 수행의 결과물이 될 테니 말입니다. 불가의 음식에서, 불가의 수행 방식에서, 불가의 가르침에서 우리는 슬로라이프의 일상을 체험할 수 있습니다. 종교의 벽을 넘어 문화로서의 불교는 이처럼 우리 생활에 많은 영향을 미치고 있습니다. 경제가 어려운 상황에 놓여 있는 우리나라에도 기다림의 미학은 중요한 역할을 할 것 같습니다.

조급해 하는 불안한 마음으로 하루하루를 살아가는 우리에게 기다림은 가장 좋은 치유약이 되지 않을까 생각합니다. 이와 같은 어려운 경제 상황 속에 기다림의 미학을 망각하며 살아간다면 몸도 마음도 치유할 수 없는 병에 걸리고 말 것입니다. 기다림의 미학은 우리의 삶 곳곳에 자리하고 있습니다. 기다림을 아름다움으로 승화할 수 있는 삶의 지혜야말로 바쁘게만 살아가는 우리의 일상에 단비와도 같은 존재가 되어 줄 수 있습니다. 농부가 씨를 뿌리고 싹이 나도록 기다리는 설렘과 싹이 나서 꽃을 피우고 열매가 맺을 수 있도록 돌봐주는 기쁨, 열매를 수확하고 나눠주는 즐거움, 이 모든 것들이 기다림을 통해 얻게 되는 소중한 행복이라는 것을 우리는 깨달아야 합니다.

  자주 보도되는 패스트푸드의 유해함을 알고, 우리 고유의 장맛을 자랑스럽고 소중하게 여길 줄 알아야 합니다. 바쁘게 돌아가는 세상 속에서도 기다림의 미학이 얼마나 소중한 것인지 잊지 않았으면 합니다.

보현보살의 서원

　모든 부처님과 보살님은 중생을 위해 서원을 세우고 실천합니다. 그 가운데 보현보살님은 실천을 수행의 목표로 삼고 열 가지 서원을 세웠습니다.
　첫째, 모든 부처님께 예배 공경을 하겠습니다.
　둘째, 모든 부처님을 찬탄하겠습니다.
　셋째, 널리 두루두루 공양을 올리겠습니다.
　공양이란 부처님과 스님들께 음식을 올리는 것만을 의미하지 않습니다. 법당에서 기도를 마치면 신도들은 떡을 받아가기 위해 긴 줄을 섭니다. 부처님께 공양 올린 떡에는 무량한 가피가 담겨있다고 믿기 때문입니다. 한 번은 젊은 보살이 허리가 굽은 채 차례를 기다리는 한 노보살에게 떡을 양보하는 것을 보았습니다. 이 마음이야말로 부처님께 공양을 올리는 것과 한 치도 다르지 않습니다.
　넷째, 모든 업장을 참회하겠습니다.
　다섯째, 남이 지은 공덕이 있으면 함께 기뻐하겠습니다.

여섯째, 설법하여 주시기를 청하겠습니다.

일곱째, 부처님께서 이 세상에 오래 머무르기를 청하겠습니다.

우리가 머무는 모든 곳에 부처님께서는 함께 계시다는 것을 알아야 합니다.

여덟째, 게으름 피우지 않고 부처님의 수행을 따라 배우겠습니다.

중생을 위해 수행하고 기도하는 부처님의 말씀을 가슴에 새기고 실천해야 합니다.

아홉째, 항상 중생의 뜻에 따라 수승하겠습니다.

분별없는 마음과 긍정의 마음으로 모든 사람을 대해야 합니다.

열째, 지은 바 모든 공덕을 중생들에게 회향하겠습니다.

내가 아는 모든 사람과 모든 존재가 함께 잘되기를 바라는 마음이 우리의 발원이 되어야 합니다.

하루 한 번, 열 가지 서원을 읽으며 보현보살님을 닮아가는 것이 우리의 서원이 되었으면 좋겠습니다.

달빛 뜨락을 거닐며

사랑 사용법

　자연이 만든 사랑이란 것은 우리에게 사용법을 알려주지 않았습니다.
　어쩌면 우리는 사랑을 어떻게 해야 하는지 그 사용법을 터득하고자 이렇게 열심히 살아가고 있나봅니다. 세상에는 사랑 사용법을 두고 수많은 설명들이 난무하지만 정확한 설명서는 없다고 합니다. 정확한 사랑 사용법 설명서를 만드는 사람에게는 세계노벨평화상이 주어지지 않을까 생각합니다.
　사랑 사용법은 지극한 실천을 통해서만 알아낼 수 있을 것입니다. 사랑을 받기만 했을 때는 깨닫지 못합니다. 한없이 사랑을 주는 이의 손을 펼쳐보면 그 안에 정확한 사랑 사용법이 있겠지요.
　자꾸자꾸 사랑을 실천해봅시다. 남의 손 억지로 펴보려 하지 말고 먼저 자신의 손 안을 살펴보세요. 아낌없이 사랑을 베풀다보면 어느새 자신의 손 안에 있는 사랑 사용법을 보게 될지도 모릅니다.

햇살에 눈 녹듯이

입춘이 되면 봄의 시작과 함께 크게 길하고 경사스러운
일들이 오기를 바라며 대문에 방을 붙입니다.

입춘대길 立春大吉
건양다경 建陽多慶

입춘을 중요하게 생각하는 이유는 삼재소멸기도 때문입니다.
삼재三災와 관련된 기복신앙은 많지만 삼재가 우리 삶에
언제라도 나타날 수 있다는 것을 알면 기복에 흔들리지 않을
수 있습니다. 그렇다면 삼재의 원인은 무엇일까요? 탐진치貪瞋癡
즉, 탐욕과 노여움과 어리석음이라는 세 가지 독(三毒)으로 짓는
악업이 바로 삼재의 원인입니다.

진정한 삼재기도란 탐진치 삼독을 바탕으로 지은 업장을 수행과 보시를 통해 소멸하는 것입니다. 추위로 날씨가 꽁꽁 얼어붙은 며칠 전, 허리가 굽고 머리가 하얗게 센 노보살님을 보았습니다. 노보살님은 조계사 마당에서 소원을 빌며 밝힌 초가 꺼진 자리마다 불을 붙여주고 있었습니다.

아, 저것이 바로 기도로구나!

나만의 이익을 바라기보다 다른 이의 소원을 소중히 여기는 마음, 이것이야말로 진정 아름다운 기도가 아닐까요. 이러한 따뜻한 마음을 가진 사람에게는 감히 삼재팔난의 고통이 침범할 수 없습니다.

넉넉하고 따뜻한 마음으로 남을 생각하고 배려하는 습관이야말로 참다운 삼재풀이의 지름길입니다. 입춘을 맞아 얼어붙은 눈이 녹듯이 여러분의 삼재와 업장이 녹기를 발원합니다.

한밤의 명상

밤이 깊습니다.

깊은 밤, 계곡 물소리가 드높습니다. 고요만이 자리하여 들리는 것이라곤 물소리와 바람소리뿐입니다. 우두커니 앉아 있습니다. 참으로 고요하고 귀한 밤입니다.

혼자만의 시간을 즐기면서 잠을 밀어 내고 고요도 저만치 밀치고 들려오는 물소리와 바람소리에 이 밤을 맡깁니다.

대 그림자가 섬돌 위를 쓸어도 티끌은 움직이지 않고 달빛이 못을 뚫어도 물에는 자취가 없다. 옛 선사의 일갈입니다.

꽃은 피었다 지기를 되풀이하지만 마음은 스스로 한가롭다 하였습니다. 이 뜻을 언제나 마음에 새기고 사물을 접한다면 몸과 마음이 참으로 자유롭습니다.

번뇌와 망상을 녹이고 자연의 법칙과 순리에 따라 청정심을
키워 간다면 얼마나 좋겠습니까. 주변 탓하지 않고 지족의 삶을
가꾸어 나갈 수만 있다면 얼마나 좋겠습니까.

밖으로 나아가 조용히 뜨락을 거닐어 봅니다. 계곡 물소리는
깊어지고 숲을 흔드는 바람소리 높아집니다. 바로 앞도
내다보지 못하는 것이 인생사입니다. 입을 것이 빠듯하여도
나누어 입고, 먹을 것이 조금 모자란 듯 하여도 서로 나누어
먹고, 그렇게 험한 세상 살아간다면 얼마나 좋을까요.

주변에 대한 배려가 점점 희미해져 가는 요즘입니다.
달빛의 뜨락을 거닐며 밤이 가져다 주는 심연의 소리 속으로
빠져듭니다. 참으로 깊고 그윽한 밤입니다.

빛이 되는 존재

　새벽 도량을 거닐며 하늘을 올려다봅니다. 오색 연등으로 가득한 도량의 불빛으로 하늘의 빛이 숨을 죽였고 반쯤 차오른 달빛은 해님에게 자리를 내어 줄 준비를 하고 있습니다. 산새들의 지저귐과 개구리의 울음소리에 바람이 싣고 오던 운무의 여정도 서서히 마을로 방향을 바꾸었습니다. 구름으로 산문을 지은 청량 도량의 산문은 이렇게 문을 열고 아침을 맞이합니다.
　지난 주말에는 지역 곳곳에서 열린 연등축제로 부처님오신날을 축복했습니다. 부처님오신날을 맞아 우리 불자들의 마음이 한 데 모여 장엄에 장엄을 이루니 이 기운으로 일 년 내내 열심히 살아가는 힘을 만들어 내는 것 같습니다. 부처님오신날을 즈음하여 거리에는 오색 연등으로 장관을 이룹니다.

초록 잎이 얼굴을 내밀고 초록 숲 사이사이로 향기로운 꽃들이 피어 납니다. 산새가 지저귀고 꽃비가 내리는 날에 부처님은 밝은 빛으로 우리 곁에 오셨습니다. 세상 모든 것들이 귀하지 않은 것이 없다 하셨던 부처님! 부처님의 자비로운 마음처럼 우리 중생들도 그 마음 닮아 세상의 빛이 되는 존재로 거듭나기를 기도해봅니다.

즐거운 불편

 하지를 즈음하여 6월 장마가 시작되면서 날씨는 종잡을 수 없을 만큼 변덕을 부리고 있습니다. 날씨예보라는 말이 무색할 정도로 요즘 날씨는 예측하기 힘들다고 합니다. 화창하게 맑은 날 갑자기 비가 내리고, 예측할 수 없는 태풍과 해일의 발생 빈도가 높아지는 것은 지구 온난화의 결과로 기후변화가 일어났기 때문입니다. 슈퍼컴퓨터만 탓하고 있을 때가 아닌 심각한 사회 문제라는 생각이 듭니다.
 조류독감과 광우병도 날씨 변화와 무관하지 않습니다. 갑자기 더워지는 날씨 때문에 전염성 병원균들이 더 많이 퍼져 나가는 것이고, 기후의 변화로 목초지가 사라지면서 동물성 먹이를 먹인 소들이 광우병에 걸려 수많은 사람들을 위협하고 있는 것입니다. 말라리아 역시 지금은 아프리카에서만 발병하는 병이 아님을 우리는 잘 알고 있습니다.

이런 문제들을 하나하나 짚어 보면 참 어지럽고 위험한 세상에 살고 있는 것이 아닌가 하는 생각에 늘 불안하고 걱정스러운 마음입니다. 편리함만을 앞세워 불편함을 감수하지 않았던 우리 모두의 잘못에서 비롯된 결과임이 분명합니다. 이제는 '즐거운 불편'을 즐기는 일상을 만들어야 하겠습니다. 지금도 지구의 몸살을 치유하고자 보이지 않게 노력하는 많은 사람들이 있습니다. 그들의 작은 노력에 나의 노력도 보태어 보십시오. 문화에만 휩쓸릴 것이 아니라 자연과 더불어 살아가고자 애쓴다면 지구가 환한 미소로 보답할 때가 올 것입니다.

  '건강'이라는 말은 하나로 통하는 것 같습니다. 세계보건기구 헌장에 '건강이란 질병이 없거나 허약하지 않은 것만 말하는 것이 아니라 신체적·정신적·사회적으로 완전히 안녕한 상태에 놓여 있는 것'이라고 정의하고 있습니다. 비단 인간의 건강만을 이렇게 정의해서는 안 될 것입니다. 지구와 자연의 건강도 염려하면서 살아가도록 함께 노력하고 가꾸어 나갔으면 합니다.

우주의 힌트

　백문이 불여일견이라는 말이 있습니다. 백 번 듣는 것보다 한 번 보는 것이 낫다는 옛말입니다. 우리는 살면서 이 말의 깊은 뜻을 헤아리며 많은 경험들을 하면서 살아갑니다. 절기를 살피다보면 우리 조상들의 지혜와 가르침이 새삼 놀라울 때가 많습니다. 이 또한 그냥 지나치다 보면 느끼지 못하는 신비함까지 겸비한, 아주 과학적이고 수학적인 원리로 만들어진 조상들의 지혜 보따리라고 할 수 있습니다. 자연의 이치를 모르고 빌딩숲에서만 살아가는 사람들은 모를 일입니다. 자연과 더불어 살다 보면 24절기의 신비로움을 더 깊이 경험할 수 있습니다.

　조선 헌종 때 정학유가 쓴 〈농가월령가〉를 보면 절기를 소개하고 한 해 동안 힘써야 할 농사일과 철마다 알아 두어야 할 풍속 및 예의범절 등을 운문체로 기록해 놓았습니다. 우리 조상들은 농가월령가를 부르면서 씨를 뿌리는 시기와 거두는 시기를 셈하면서 풍년을 노래했습니다. 그중 입추가 나오는 구절에는 이런 노랫말이 있습니다.

칠월이라 맹추 되니 입추 처서 절기로다
화성은 서류하고 미성은 중천이라
늦더위 있다 한들 절서야 속일소냐
베짱이 우는 소리 자네를 위함이라
저 소리 깨쳐 듣고 놀라 처 다스리소
장마를 겪었으니 집안을 돌아보아
곡식도 거풍하고 의복도 포쇄하소
늙으신네 기쇠하매 환절 때를 조심하여
추량이 가까우니 의복을 유의하소

절기의 의미를 잊고 사는 우리의 모습이 어떠한가 다시 한 번 생각해 볼 일입니다. 서구 문화를 쉽게 받아들이고 새로운 기념일들을 만들어 가면서 우리는 정작 우리 삶을 더욱 윤택하게 만들어 갈 수 있는 절기의 힌트들을 잊고 살고 있습니다. 그야말로 24절기는 우리에게 우주의 질서를 일러주는 힌트가 될 것입니다.

24절기를 외우기는 어렵지만 한 해 한 해 느끼면서 살아간다면 어느 날엔 저절로 절기를 이해할 때가 올 것입니다. 노랫말을 따라 외우듯이 이번 기회에 농가월령가를 흥얼거려 보고 가족이 한 데 모여 노래할 수 있는 기회를 만들어보는 것도 좋을 것 같습니다.

공덕의 성취

조계사 마당의 대추나무에 대추가 빨갛게 익었습니다. 도심 한 복판에 있는 대추나무가 풍성한 열매를 맺은 것을 보니 행복했습니다. 대추나무처럼 많은 사람들에게 즐거움을 주면 좋겠다고 생각했습니다.

음력 9월 9일 중양절은 기도하기 좋고 공덕 쌓기 좋은 날입니다. 최고의 기도는 나도 좋고 남도 좋은 것입니다. 최고의 공덕은 나로 인해 많은 이들이 즐겁고 행복한 것입니다. 기도를 마칠 때에는 지극하고 간절한 마음으로 발원해야 합니다.

"내 기도의 공덕으로 돌아가신 모든 분들이 극락왕생하길 발원합니다."

기도의 공덕은 나누면 나눌수록 성취도 커지고 행복도 커집니다. 부처님은 함께 기뻐하고 함께 슬퍼하는 마음을 어여쁘게 생각합니다. 슬플 때는 함께 울고 괴로울 때는 함께 아파하는 마음, 힘들 때는 함께 위로하고 기쁠 때는 함께 얼싸안고 춤을 추는 마음, 함께하는 마음이 없다면 기도의 공덕도 성취도 얻기 어렵습니다. 행복은 멀리 있지 않습니다.

행복은 이웃을 배려하는 미소에서 찾아옵니다. 함께하는 도반을 이해하고 다독이며 따뜻하게 건네는 말 한마디에서 찾아옵니다. 모든 사람이 즐겁고 행복하기를 바라는 마음이 곧 기도입니다.

수행자의 겨울

　수행자에게 겨울이란 계절은 참 소중한 정진의 시간입니다.
산사에는 하염없이 눈이 내렸습니다. 청량사가 있는 이 지역은
구제역 때문에 출입이 금지되기도 했습니다. 그 어느 때보다
춥고 시린 겨울날입니다.
　매서운 칼바람 속에 새 봄을 준비하는 울력에 들어갔습니다.
시리고 아픈 마음을 달래볼까 하는 마음에서 시작했건만
시간이 갈수록 아픔은 더해만 갑니다. 사하촌의 촌부에게도
일이 벌어진 모양입니다. 어찌 위로를 하면 좋을지 내내
생각하고 또 생각했습니다. 간간히 들리는 솔바람 소리와
견디다 못해 가지 위의 눈을 털어내는 소리만 들릴 뿐 오늘도
도량은 고요하기만 합니다.
　춥고 시린 겨울날, 넋을 잃고 앉아 있을 촌부의 마음을
헤아려 봅니다. 쌩- 하고 부는 바람이 그의 마음을
대신해줍니다. 지구가 아프다는 말이 사실임을 깨닫는
순간순간입니다. 며칠째 내리는 눈 때문에 발이 꽁꽁
묶였습니다.

도량 내에서도 이동이 불편할 정도이니 사람에게 뿐 아니라 산짐승에게도 혹독한 겨울날입니다.

심우실 창문 앞엔 다람쥐와 산토끼를 위한 식탁이 준비되어 있고 그 옆으로는 산새들의 식탁이 준비되어 있습니다. 산짐승의 식량을 사람들이 다 먹어 치운다니 우리 도량을 찾는 녀석들에게만이라도 미안한 마음을 담아 차려 낸 조촐한 식탁입니다. 녀석들이 맛있게 먹고 갔나 하는 궁금한 마음에서 간간히 창가를 내다봅니다. 그런데 어인 일인지 며칠째 녀석들의 식탁이 그대로입니다. 몇 십 년 만에 찾아 온 혹한 추위와 수북이 쌓인 눈 때문에 산짐승의 이동마저 끊긴 모양입니다.

녀석들에게 있어 인간이란 참 못된 존재입니다. 생명의 소중함을 가장 중요시하는 우리 불가의 입장에서 봐도 지금의 현실은 대재앙입니다. 소소한 일상에서도 환경을 생각하고 생명의 소중함을 이야기하는 우리 불가의 전통을 더욱 널리 알리고 실천케 하는 자세가 중요한 때입니다.

눈보라 속에서도 울력을 감행하면서 부처님의 말씀을 떠올리며 추위를 잊어 봅니다.
   며칠 전 낳은 송아지를 품에 안고 눈물을 흘리며 젖을 물렸다는 어미 소의 이야기를 전해 듣고 슬픈 마음 잊고자 칼바람과 맞섭니다. 자신의 슬픈 운명을 안고서 먼저 떠난 어미 소와 배불리 젖을 먹은 뒤 바로 뒤를 따른 아기소의 이야기가 모두 제 탓만 같아서 잠을 이루지 못합니다. 안락사를 위해 주사기를 든 수의사의 언 손을 따뜻한 혀로 핥아 주었다는 어느 소의 이야기를 들었을 때는 먹먹해지는 가슴을 쓸어내려야만 했습니다.
참 이기적인 동물 '인간'. 참으로 인간은 이기적인 동물이었습니다.

모든 감성들이 진화하지 못하고 퇴화하고 있는 동물이 바로 인간인 것 같습니다. 생명의 소중함과 인과의 법칙, 그리고 사랑의 실천…… 하루빨리 아픈 마음이 치유되기를 기도합니다.

　떠날 수밖에 없었던 저들의 마음에도, 보낼 수밖에 없었던 이들의 마음에도 어서 빨리 따뜻한 봄이 찾아 왔으면 좋겠습니다. 그 슬픈 현실을 바라보는 우리의 마음에는 환경을 생각하는 작은 새싹이 돋아나길 기원합니다. 어디선가 들리는 이 소리가 들리시는지요. 자연에 의지하기보다는 자연과 더불어 모두가 행복한 삶을 살아가야 한다고 말하는 소리를 들으셨는지요. 애써 몸을 추스른 지구의 목소리입니다. 여러분! 귀 기울여 들어주십시오. 우리의 행복을 위한 목소리입니다.

희망의 기도

　내가 누군가에게 희망이 되어주고 힘이 되어줄 수 있다는 사실을 잊지 말아야겠습니다. 가장 가까운 가족과 친척, 이웃을 생각해봅시다.

　그들에게 나는 희망이고, 삶의 원동력이 될 수 있는 커다란 힘이 된다는 사실을 잊지 맙시다. 더불어 이루는 숲이 얼마나 건강하고 웅장한 숲이 될 수 있는지 실천함으로써 깨달아가고, 더욱 건강한 숲을 만들고자 노력해봅시다.

　따스한 가슴과 온유한 눈빛으로 세상을 바라보며, 우거진 숲이 되어 질서 있는 숲을 이루고자, 나 아닌 다른 사람을 사랑하는 일. 더불어 하나 되는 아름다운 세상을 만들 주인은 바로 당신임을 잊지 마십시오.

글 | 지현

대한불교조계종 총본산 조계사 주지스님이다.

1971년 선찰대본산 범어사 소천 큰스님 문하에서 법종 스님을 은사로 출가의 길로 접어들었으니 올해로 출가 48년째를 맞는다. 대중들과 함께 부처님께 올릴 새알심을 빚는 모습이 자연스러운 지현 스님은 일체 생명에 부처님의 성품이 깃들어 있음을 온몸 온 마음으로 받아들이면서 쉼 없이 자비를 실천하는 수행자다.

존재하는 모든 것들은 우주 만물의 기본이 되는 보물들이라는 진리를 잊지 않기를 발원하고 반세기에 가까운 시간을 수행자로서의 위의를 곧이곧대로 지켜왔다. 30여 년 전에는 봉화군 청량산 산골에 있는 청량사 주지를 맡아 경운기를 직접 몰았다. 까까머리 어린이 불자들을 실어 나르며 어린이법회를 열기 위해서였다. 조계종 총무부장을 비롯한 중앙종회의원, 조계종사회복지재단 상임이사를 맡아 소임마다 열중했고 함께하는 시민행동 공동대표로 세상과 소통하는 데에도 소홀함이 없었다. 원력을 완성하기 위해 매 소임 출가 때 지극한 마음으로 최선을 다해 노력했으니 종단은 2000년 조계종 포교대상을 수여해 스님의 포교 업적을 기렸다.

《바람이 소리를 만나면》,《사람이 살지 않는 곳에도 길은 있다》 등의 책을 통해 일상의 시간 속에서 문득 스쳐 지나가는 찰나의 깨달음들을 담담한 어조로 이야기했다. 세상을 향한 따뜻한 시선으로 전하는 지현 스님의 이야기는 불법의 진리가 바로 우리 곁에 살아있다는 잔잔한 감동을 새삼 느끼게 한다.

사진 | 남종현

1990년 충무로의 한 스튜디오에서 카메라를 잡은 이후 일본과 이탈리아에서 수년간 광고사진을 찍었다. 하지만 시간이 갈수록 점점 더 사진이란 무엇인가 하는 의문과 갈증이 심해졌다. 그때 처음 카메라를 잡았던 순간을 되돌아보았다. 그에게 있어 사진은 무심히 지날 법한 찰나의 순간을 잡아 두는 시간의 마법이었기에, 생산하는 사진이 아닌 기록하고 새기는 사진으로 다시 되돌아가고자 했다. 그렇게 광고 사진 스튜디오를 정리하고 그가 찾은 첫 번째 주제는 눈[雪]과 연꽃[蓮]이었다. 붓 대신 사진기를 통해 동양화를 그린 듯한 느낌을 주는 그의 작품은 한지라는 재료를 통해 더욱 시선을 잡아 끌면서 오래도록 마음에 여운을 남긴다.
1993년에 호주에서 개최된 국제사진전에서 대상을 수상했다. 그동안 십여 차례 개인전, 단체전, 초대전 등을 가졌다.